CON GRIN SU CONOCIMIENTOS VALEN MAS

- Publicamos su trabajo académico, tesis y tesina

- Su propio eBook y libro - en todos los comercios importantes del mundo

- Cada venta le sale rentable

Ahora suba en www.GRIN.com y publique gratis

Bibliographic information published by the German National Library:

The German National Library lists this publication in the National Bibliography; detailed bibliographic data are available on the Internet at http://dnb.dnb.de .

Imprint:

Copyright © 2015 GRIN Verlag, Open Publishing GmbH
Print and binding: Books on Demand GmbH, Norderstedt Germany
ISBN: 9783668294813

This book at GRIN:

http://www.grin.com/es/e-book/339757/tranferencias-de-tecnologia-a-otros-paises

Diana Aragón

Tranferencias de tecnologia a otros paises

GRIN Publishing

GRIN - Your knowledge has value

Since its foundation in 1998, GRIN has specialized in publishing academic texts by students, college teachers and other academics as e-book and printed book. The website www.grin.com is an ideal platform for presenting term papers, final papers, scientific essays, dissertations and specialist books.

Visit us on the internet:

http://www.grin.com/

http://www.facebook.com/grincom

http://www.twitter.com/grin_com

Transferencia de Tecnología

Diana Aragón Rico

24/11/15

Contenido

Resumen Ejecutivo

La investigación principal de es sobre la transferencia de tecnologías, se define profundamente su significado y objetivo. Se ejemplifica en una situación real en donde fue un éxito este método de entrada, para que el método quede de una manera más clara. Se desarrollan ventajas y desventajas para los proveedores y receptores de tecnología que son importantes tener en cuenta. Se hacen recomendaciones que se deben tener en cuenta a la hora de negociar una transferencia. Se expone un modelo de contrato de trasferencia de tecnología en donde se determinan las obligaciones de cada parte. Se presenta el proceso para realizar una transferencia tecnológica. Por último se exponen las conclusiones sobre el tema.

Introducción y objetivo

La globalización, la tecnología y el conocimiento son una integración cada vez mayor del comercio mundial y los mercados financieros. El comercio mundial es un objetivo en movimiento, la dirección y la composición del comercio mundial es muy diferente hoy de lo que era hace una generación, y aún más diferente de lo que era hace un siglo. Hoy en día las exportaciones no solamente tienen que ver con los bienes, sino con el capital y beneficios de otras formas de negocios internacionales. Las empresas buscan nuevas alternativas para ser más competitivas, un método que utilizan es la transferencia de tecnologías.

La investigación sobre método de transferencia de tecnologías es importante para la realización de la Misión Comercial, puesto que este tipo de entrada puede ser requerida por algún cliente potencial. El entendimiento sobre el proceso de este método es de gran importancia porque el mayor progreso tecnológico se muestra en los últimos años, los grandes adelantos tecnológicos mundiales se dan en el área de mecánica, automatización de procesos, electricidad, telecomunicaciones y la creación de nuevos productos entre otros, en este sentido comienzan a incrementarse las áreas de oportunidad en dichas ramas de la investigación.

Desarrollo

Descripción del método

La tecnología es un factor muy importante en cualquier empresa, ya que esta tiene una gran influencia en el desarrollo eficiente, es la clave para crear ventajas competitivas y de innovar procesos. La comercialización de tecnología y procesos tecnológicos es algo común que sobre pasa fronteras, y este método de llama transferencia tecnológica o transferencia de tecnologías. Este método es estratégico y es guiado por el valor de la tecnología: es decir, la transferencia es implantada como parte de una estrategia corporativa para la solución de problemas y la creación de beneficios económicos para el proveedor y receptor de la tecnología (López, 2010).

La transferencia de tecnología es la entrega de información, conocimiento, métodos o habilidades que se transmiten entre un mismo propietario o un tercero, puede ser entre empresas, organizaciones, escuelas, gobiernos, etc. Esto se puede realizar por medio de activos intelectuales como lo son los licenciamientos de patentes (¿Qué es la Transferencia de Tecnología o Transferencia Tecnológica?, s.f.) . Este método de entrada se puede utilizar para alcanzar la entrada a mercados internacionales como son Colombia, Chile y Perú.

Ventajas

Las ventajas pueden ser para los proveedores o receptores. A continuación se enlistan ventajas para ambas partes en general:

- Desarrollo de actividades económicas de alto valor agregado.
- Más inversiones para comercializar tecnología.
- Aprovechamiento e identificación de descubrimientos científicos y desarrollo de tecnologías realizados ya sea en el país de origen o destino.
- Mayor interrelación de emprendedores, estudiantes, empresas, mercados, inversionistas o gobiernos.
- Incorporación de investigadores, científicos y especialistas al ámbito comercial.
- Fomenta el diseño e integración de oportunidades de negocio.

(Oficinas de Transferencia de Tecnología, s.f.)

Para los proveedores los beneficios son:

- Obtención de ingresos por explotación de tecnologías, por pedidos de componentes o mantenimiento.
- Acceso a mercados; ya sean grandes, lejanos o complejos, gracias a la aplicación y difusión de resultados.
- Aumento de competitividad; mejoramiento de la imagen pública, la posibilidad de crear nuevos estándares, diversificación de actividad tecnológica y comercial.
- Mejora de tecnología, acceso a un mayor conocimiento e infraestructuras.

  (González, 2011)

Para los receptores los beneficios son:

- Acceso a la tecnología necesaria para crear bienes y servicios, mejorando la ventaja competitiva.
- Nuevos accesos a conocimiento e infraestructura.
- Los riesgos técnicos se reducen por la tecnología ya desarrollada y probada.
- Reducción de tiempo en el desarrollo de tecnología para acelerar el lanzamiento de nuevos productos.
- Reducción de costos por el ahorro de invertir en tecnologías que ya fueron desarrolladas por terceros.

  (González, 2011)

Desventajas

Como en cualquier caso, también existen desventajas para ambas partes.

Para los proveedores las desventajas son:

- Existe la posibilidad de que el receptor se convierta en un futuro competidor, amenazando la competitividad del proveedor.
- Incremento en la inversión por la necesidad de invertir en el mantenimiento o desarrollo la de tecnología proporcionada.
- Pérdida de control sobre el uso y explotación después del proceso de transferencia.
- Es posible que después de la transferencia, la tecnología se utilice para prácticas ilegales o se cree una infracción a los derechos concedidos.

Para los receptores las desventajas son:

- Perder la capacidad de desarrollar tecnologías internamente o estancarse en un solo tipo de tecnología.
- Dependencia del proveedor de tecnología.
- Incremento de inversión por la necesidad de adquirir repuestos, suministros de mejoras o avances.
- Restricción a la competitividad por porte de la oferta del proveedor o limitación del mismo.

(González, 2011)

Recomendación de uso

La transferencia de tecnología se puede dar dentro de cualquier empresa, ya sea que se enfoque en la innovación o en la eficiencia de producción. También se puede llevar a cabo dentro del sector académico y gubernamental, puede ser comercial o no comercial. Se puede dar por un resultado local o extranjero. A continuación se presentas recomendaciones de uso:

Investigación y desarrollo en colaboración: cuando existen programas gubernamentales que favorecen la investigación en colaboración con el objetivo de facilitar la transferencia de tecnología.

Spin-off: son empresas formadas por los investigadores universitarios con base en tecnología que fue desarrollada y transferida.

Parques científicos: Los organismos que ofrecen acceso a laboratorios avanzados, equipo y a otros recursos técnicos y de investigación como profesores, estudiantes y bibliotecas así como acceso a financiamiento.

Compra de equipo o maquinaria: se da cuando los equipos o maquinaria adquirido van acompañados de documentación sobre la producción de las misma maquinaria así como sobre su utilización o contratos de asistencia técnica.

Transferencia contractual de tecnología: se incluye todos los contratos con el objetivo de transferir conocimientos útiles, una de las figuras de transferencia de tecnología más usada es el licenciamiento en donde se definen las responsabilidades, las actividades, los costos, resultados técnicos, ganancias, los contratos adecuados y la propiedad de los resultados.

Consultoría: Los consultores ayudan a las empresas a descubrir tecnologías con potencial de mercado dentro de sus laboratorios. Cumplen con diversas funciones como con evaluaciones tecnológicas sobre el valor de los portafolios tecnológicos, asistencia en decisiones vinculadas a patentes, valoraciones y evaluaciones de mercado, funciones de marketing, asistencia en la localización de potenciales licencias, negociación de acuerdos de licencia y transferencia de propiedad intelectual.

Incubación de empresa: Provee servicios focalizados para el apoyo a pequeña y mediana empresa de base tecnológica. El apoyo se centra en las etapas para el crecimiento y éxito empresarial, hasta que las empresas adquieren relativo grado de madurez.

Proceso

Un proceso de transferencia de tecnología comienza en una institución con la declaración de la invención, donde se declara el deseo de comercializar la tecnología describiendo las características de la invención, para una institución el mantener un flujo de declaraciones de invención es importante ya que permite tener un portafolio de tecnologías de donde se puedan seleccionar proyectos que puedan ser comercializados (López, 2010).

La transferencia de tecnología se puede dividir en las siguientes etapas generales:

- La selección: Determinar si el proceso que planea adquirir ya comprobó comercialmente su eficacia, si la empresa tiene la capacidad técnica de absorción y adaptación adecuada para utilizar eficazmente la tecnología y si le resultará rentable para recuperar su inversión, así como considerar si en su país existen las materias primas que se requieran para la fabricación del producto y determinar el poder del mercado en el sector de que se trata.

- La negociación: Para esto es importante el tamaño de la empresa, su capacidad técnica y económica, así como la disponibilidad de recursos humanos y de infraestructuras. El titular de la tecnología, o de los derechos concedidos en licencia para explotar la tecnología concede nuevos derechos de explotación al socio en la transferencia de tecnología (Mendez, s.f.). En la redacción del contrato que contenga las condiciones de transmisión, deben cubrirse aspectos legales y económicos, este tipo de contratos en México reciben el nombre de contratos de transferencia de tecnología. **Anexo1: modelo de contrato de transferencia de tecnología.**

- Procesos y actividades: los más importantes son la declaración de la invención; verificación inicial de la declaración. Evaluación de la tecnología; evaluación interna de la tecnología, análisis del proyecto, búsqueda de información, encuentro con el investigador, evaluación de la tecnología, integración de las evaluaciones, generación de recomendaciones y plan general de comercialización de la tecnología, presentación al comité de evaluación de la unidad de enlace. Depósito de una solicitud de patente; selección del agente de patentes, elaboración de la solicitud de patente, cesión de los derechos de propiedad intelectual del investigador a la universidad, depósito de la demanda de la patente. Administración del portafolio de patentes; verificación dirigente básica, estudio de los documentos y cesiones. Plan detallado de comercialización de la tecnología; licencias y cesiones, preparación dela información que describe la tecnología, contacto con los posibles licenciatarios, negociación del contrato de licencia. Creación de una nueva empresa o spin off; elaboración de un modelo de negocio con el investigador, creación de la empresa y elaboración preliminar del plan de negocio, negociación de un acuerdo entre accionarios y otros acuerdos necesarios, búsqueda de financiamiento externo. Seguimiento. (Solleiro & R, 2008)

- La absorción: Una vez adquirida la tecnología se debe equipara por la empresa adquirente.

- La adaptación o innovación: Ajustarla a la proporción de factores de producción existentes, ya que la tecnología que procede del exterior se produce en mercados con contextos muy diferentes.

Ejemplo actualizado

Un ejemplo exitoso de transferencia de tecnología fue en Bogotá, Colombia, donde se generó el proyecto llamado: optimización de los procesos de combustión y transferencia de calor. Se realizó con la Cámara de Comercio de Bogotá, la Federación Nacional de Productores de Panela y Servicio Nacional de Aprendizaje (SENA). El objetivo del proyecto fue disminuir la emisión de gases contaminantes generados por la agroindustria panelera al reducir el consumo de cauchos y leña utilizada en la combustión del proceso a través del uso de tecnologías. La tecnología fue desarrollada por Alfredo Hernández, Alejandro Muñoz, Alfonso Guevara y Hernán Darío Cortés, profesores de Ingeniería Mecánica, y algunos estudiantes, como colaboradores en el proceso investigativo. La sede principal de la investigación de campo estuvo la finca El Tablón, en Útica, Cundinamarca. En el análisis se concluyó que existen altos niveles de contaminación atmosférica, debido a los residuos generados por la combustión. Con base en este propósito, el Departamento de Ingeniería

Mecánica desarrolló dicho proyecto, que ayudará a mejorar las 20.000 hornillas existentes en el país, al optimizar los procesos en dos frentes: primero, aumentar la eficiencia de la producción de la panela para poder disminuir la cantidad de los combustibles que se utilizan y, segundo, reutilizar, para la combustión, los gases que son expulsados por las hornillas. El desarrollo de este proyecto repercutirá en la vida de las familias y las industrias que dependen de la producción de la panela, pues con éste se fomenta la elaboración de un producto higiénico y con menos costos ambientales y económicos (Reyes, 2014).

Conclusión

Bajo este método de entrada las empresas tienen que ser capaces de adaptarse a las necesidades del mercado en el que compiten, y una característica que las diferencia es la generación de una cultura innovadora con bases en la investigación tecnológica. La transferencia de tecnologías es un proceso complejo realizado, donde diversas actividades son llevadas a cabo, como el definir acuerdos que admitan beneficios mutuos para llegar a la comercialización, ya que existen diferencias culturales, en tiempo y objetivos entre ambos actores.

Recomendaciones

Para realizar una transferencia de tecnologías es importante dispones de una estrategia internacional muy bien planteada, con objetivos claros y directos, planificar el proceso y dirección de la negociación. Habilitar recursos como personal, tiempo y dinero para salir al mercado internacional. También es muy importante conocer el idioma y cultura del país destino para lograr una negociación en donde realmente se muestra un interés genuino. Fomentar y tener alianzas para obtener y compartir recursos es un factor que puede ayudar.

Referencias

¿Qué es la Transferencia de Tecnología o Transferencia Tecnológica? (s.f.). Recuperado el 11 de noviembre de 2015, de Instituto Nacional de Propiedad Industrial: http://www.inapi.cl/portal/orientacion/602/w3-article-693.html

González, J. (enero de 2011). *Manual de transferencia de tecnología y conocimiento.* Recuperado el 21 de noviembre de 2015, de The Transfer Institute: http://www.slideshare.net/thetransferinstitute/manual-de-transferencia-de-tecnologia-y-conocimiento

López, H. (2010). *GBC Group.* Recuperado el 22 de noviembre de 2015, de INSTITUTO POLITÉCNICO NACIONAL: http://www.gbcbiotech.com/transferencia-tecnologia/assets/soporte-el-proceso-de-tt-caso-updce-del-ipn.pdf

Mendez, P. (s.f.). *¿Cómo se lleva a cabo la transferencia de tecnología?* Recuperado el 22 de noviembre de 2015, de OMPI: http://www.wipo.int/sme/es/documents/pharma_licensing.htm#1.2

Oficinas de Transferencia de Tecnología. (s.f.). Recuperado el 11 de noviembre de 2015, de CONACYT: http://www.conacyt.mx/index.php/ott-oficina-de-transferencia-de-tecnologia

Reyes, F. (2014). *FAO incluiría en su agenda proyecto de la Universidad Central.* Recuperado el 23 de noviembre de 2015, de Universidad Central: http://www.ucentral.edu.co/noticentral-uc/fao-incluiria-en-su-agenda-proyecto-de-la-universidad-central

Solleiro, & R, C. (2008). *Gestión Tecnológica: Conceptos y prácticas.* México, D.F.: México.

Anexo 1: MODELO DE CONTRATO DE TRANSFERENCIA DE TECNOLOGÍA

MODELO DE CONTRATO DE TRANSFERENCIA DE TECNOLOGIA

En.....................a.......de...................de......

REUNIDOS

De una parte,........................ (LICENCIANTE)

Y de otra,.............................. (LICENCIATARIO)

INTERVIENEN

D..................... (Licenciante)..........en nombre y representación de............

D.................... (Licenciatario)..........en nombre y representación de............

EXPONEN

1.- Que la licenciante es titular registral de la(s) patente(s) de invención n° ...., otorgada el ....de........de.........., por la Oficina Española de Patentes y Marcas (u organismo similar), y actualmente en vigor según el certificado registral que se exhibe, disponiendo de los derechos necesarios para otorgar licencias de explotación.

2.- Que la licenciante posee los conocimientos secretos y métodos técnicos necesarios para poder prestar la asistencia técnica que se identifica en el presente contrato.

3.- Que la licenciante es titular de las marcas registradas n° ....inscritas en las Oficinas de Patentes y Marcas de ...., para los productos y servicios indicados en el Anexo.

4.- Que el licenciatario dispone de plantas de producción y medios de distribución para elaborar y distribuir los productos objeto de patente y distinguidos por la marca (s)..................

5.- Que ambas partes se reconocen capacidad suficiente para este acto y celebran el presente contrato de transferencia de tecnología de conformidad con los siguientes

PACTOS

1°.- La licenciante concede al licenciatario el derecho de explotar la patente de invención............... (Describir o incluir en Anexo) en los procedimientos de fabricación que se indican............. (Señalar detalladamente).

Igualmente la licenciante concede al licenciatario una licencia de explotación de los secretos de fabricación y comercialización (know-how) descritos en el Anexo........

Asimismo la licenciante concede al licenciatario el derecho a usar la marca.................. en la fabricación, distribución y venta de sus productos.

2°.- Los derechos de licencia de patente, know-how y marca concedidos al licenciatario solo tendrán validez para el territorio de................ (Describir).

D.................... (Licenciatario)..........en nombre y representación de............

EXPONEN

1.- Que la licenciante es titular registral de la(s) patente(s) de invención n° ...., otorgada el ....de........de.........., por la Oficina Española de Patentes y Marcas (u organismo similar), y actualmente en vigor según el certificado registral que se exhibe, disponiendo de los derechos necesarios para otorgar licencias de explotación.

2.- Que la licenciante posee los conocimientos secretos y métodos técnicos necesarios para poder prestar la asistencia técnica que se identifica en el presente contrato.

3.- Que la licenciante es titular de las marcas registradas n° ....inscritas en las Oficinas de Patentes y Marcas de ...., para los productos y servicios indicados en el Anexo.

4.- Que el licenciatario dispone de plantas de producción y medios de distribución para elaborar y distribuir los productos objeto de patente y distinguidos por la marca (s)..................

5.- Que ambas partes se reconocen capacidad suficiente para este acto y celebran el presente contrato de transferencia de tecnología de conformidad con los siguientes

PACTOS

1°.- La licenciante concede al licenciatario el derecho de explotar la patente de invención............... (Describir o incluir en Anexo) en los procedimientos de fabricación que se indican............. (Señalar detalladamente).

Igualmente la licenciante concede al licenciatario una licencia de explotación de los secretos de fabricación y comercialización (know-how) descritos en el Anexo........

Asimismo la licenciante concede al licenciatario el derecho a usar la marca.................. en la fabricación, distribución y venta de sus productos.

2°.- Los derechos de licencia de patente, know-how y marca concedidos al licenciatario solo tendrán validez para el territorio de............... (Describir).

El licenciatario se abstendrá de explotar la tecnología concedida, patentada o no patentada, y de vender los productos fabricados bajo licencia a otros territorios que no sea el delimitado anteriormente, durante un plazo de..............años a contar desde la fecha de la firma del presente contrato.

3°.- Las licencias de patente, know-how y marca tienen carácter exclusivo. La licenciante se reserva el derecho de fabricación y comercialización de los productos cubiertos por la patente objeto de licencia, en cualquier otro territorio que no sea el especificado anteriormente.

4°.- El licenciatario no podrá ceder ninguno de los derechos u obligaciones establecidos en el presente contrato, salvo consentimiento expreso y por escrito de la licenciante.

5º.- La licenciante autorizará al licenciatario a conceder sub-licencias para la mejor aplicación de la tecnología concedida, siempre que la sub-licenciataria se someta a los términos y condiciones establecidos en el presente contrato, y sin que cualquier acto por parte de esta última releve al licenciatario de los deberes y obligaciones asumidos en el presente contrato.

6º.- Las tasas necesarias para el mantenimiento de la vida legal de la patente y marcas cubiertas por este contrato en ....(indicar país o países) correrán por cuenta del ....(licenciatario/licenciante).

7º.- La licenciante se obliga a instruir al personal que designe el licenciatario en las técnicas de fabricación y comercialización objeto de este contrato, en sus instalaciones (o en las instalaciones del licenciatario).

A tal efecto, la licenciante proporcionará a los empleados del licenciatario cuantos materiales y documentos técnicos fueran necesarios para llevar a buen término dicha obligación.

El personal del licenciatario destinado a las instalaciones de la licenciante no podrá superar el número de..............personas, en cada ocasión, teniendo las visitas de formación una duración aproximada de...........horas.

El licenciatario señalará con antelación y por escrito, los nombres, cargos y competencias de las personas que realizarán la visita, de manera que la licenciante disponga del tiempo suficiente para prepararla.

Los gastos que se originen como consecuencia del desplazamiento y manutención del personal del licenciatario a las instalaciones de la licenciante correrán a cargo del licenciatario. 8º.- En caso de que los productos fabricados por el licenciatario no alcanzaran los niveles de calidad señalados por la licenciante en el Anexo......., esta última enviará, sin coste alguno a cargo del licenciatario (o con cargo al licenciatario), a los técnicos necesarios para que comprueben los motivos de la deficiencia y su responsabilidad. Los técnicos de la licenciante propondrán al licenciatario las medidas correctivas que estimen oportunas, debiendo correr con los gastos que suponga la rectificación de tales deficiencias la parte que resulte responsable.

A falta de acuerdo entre ambas partes respecto a las medidas a tomar y responsabilidad de las mismas, se someterán a dictamen pericial realizado por un perito (o varios) nombrado por el Presidente de la Asociación............ (O Colegio profesional correspondiente según sector técnico).

9º.- La licenciante se obliga a:

a) remitir al licenciatario los documentos técnicos, diseños, planos, etc.... necesarios para la fabricación de los productos bajo licencia, que deberán conservarse de forma secreta, sin que puedan ser facilitados a terceros sin el acuerdo previo y expreso de la licenciante.

b) comunicar y poner a disposición del licenciatario, durante la vigencia del presente contrato, cualquier modificación o perfeccionamiento realizado en los productos bajo licencia.

c) mantener en vigor las patentes objeto del presente contrato.

d) permitir al licenciatario la utilización de su marca (s) en los productos que éste fabrique, así como en su correspondencia comercial y publicidad.

10°.- El licenciatario se obliga a:

a) fabricar los productos objeto de licencia con los niveles de calidad indicados por la licenciante.

b) aportar a la licenciante cualquier modificación o perfeccionamiento que hubiera aportado a la tecnología concedida.

c) mencionar en los productos que fabrique y suministre a sus clientes la inscripción: "Licencia……".

d) no fabricar ni vender productos que hagan competencia al objeto de la licencia otorgada.

e) no impugnar ni negar la validez de las marcas registradas, diseños comerciales, modelos o dibujos industriales suministrados por la licenciante, ni colaborar con terceros a los mismos fines, quedando obligado a defender cuantos derechos de propiedad industrial o intelectual fuera incorporada a los productos fabricados y vendidos.

11°.- Las partes convienen en intercambiar información sobre mejoras, reformas, desarrollo del proceso de fabricación y perfeccionamientos, o problemas técnicos cada…………… (Meses).

12°.- El licenciatario abonará a la licenciante los siguientes cánones:

a) un………% sobre el precio unitario de venta a los clientes en condiciones………… (señalar INCOTERM), en concepto de licencia de patente.

b) un………% sobre el mismo precio unitario de venta a los clientes en condiciones………… (señalar INCOTERM), en concepto de licencia de marca.

c) un………% sobre el mismo precio unitario de venta a los clientes en condiciones………… (señalar INCOTERM), en concepto de licencia de know-how.

El devengo de los anteriores cánones se originará en la fecha en que el licenciatario efectúe su facturación al cliente, debiéndose proceder a su liquidación………… (mensual/trimestralmente), mediante……………… (Indicar forma de pago) en ……………(divisa).

13°.- El presente contrato entrará en vigor a la firma del mismo por las partes contratantes, y tendrá una duración………….. (Indicar plazo o indefinido).

El contrato será renovable tácitamente por periodos iguales sucesivos, salvo que sea denunciado por cualquiera de las partes, mediante notificación por escrito que garantice confirmación de recepción, con una antelación mínima de…………. meses a su vencimiento, o de cualquiera de sus prórrogas.

14º.- Cualquiera de las partes podrá rescindir el presente contrato por incumplimiento o violación de la otra parte de cualquiera de los pactos establecidos en el mismo o por alegar justa causa conforme al derecho aplicable al contrato.

15º.- Extinguido el presente contrato, el licenciatario dejará de utilizar las marcas, modelos, dibujos industriales, nombres comerciales y cuantos elementos de identificación aportara la licenciante para designar los productos objeto de licencia.

Igualmente el licenciatario devolverá a la licenciante las especificaciones, instrucciones técnicas y demás documentos relacionados con la fabricación de los productos objeto de licencia.

16º.- El licenciatario se compromete a guardar secreto respecto de aquellos conocimientos transmitidos por la licenciante que no estuvieren protegidos por los derechos de propiedad industrial, tanto durante la vigencia del presente contrato, como una vez finalizado éste.

17º.- El presente contrato se elevará a documento público a petición de cualquiera de las partes. Los gastos que se devenguen por tal concepto, serán satisfechos por cada una de las partes.

18º.- Modalidad A) El presente contrato se regirá por las leyes de………..

En caso de discrepancia en torno a la validez, ejecución o interpretación de este contrato serán competentes los Tribunales de………………..

Modalidad B) Cualquier divergencia derivada directa o indirectamente del presente contrato, será definitivamente resuelta de acuerdo con el Reglamento de conciliación y Arbitraje de……………por uno o más árbitros conforme a ese Reglamento.

Modalidad C) Las partes se someten en cuanto a aquellas normas que no sean imperativas o de orden público, a los Principios UNIDROIT de contratación internacional, publicados en Roma en 1995, y en lo que en ellas no se prevea, a la legislación nacional de…………

19º.- El presente contrato queda redactado en los idiomas……………, prevaleciendo en caso de discrepancia la versión …………….

Las partes manifiestan su conformidad al presente contrato, que otorgan y firman en el lugar y fecha indicados.

LICENCIANTE   LICENCIATARIO